LOVE CASTLECONNELL

LIVE. OWN. VISIT. ENJOY

Diary

2021

January

1 January

9AM	
10AM	
11AM	
12 NOON	
1PM	
2PM	
3PM	
4PM	
5PM	
6PM	

3 January
SUNDA

9AM	
10AM	
11AM	
12 NOON	
1PM	
2PM	
3PM	
4PM	
5PM	
6PM	

2 January
SATURDAY

9AM	
10AM	
11AM	
12 NOON	
1PM	
2PM	
3PM	
4PM	
5PM	
6PM	

Tasks

- ☐
- ☐
- ☐
- ☐
- ☐
- ☐
- ☐
- ☐
- ☐
- ☐

 LoveCastleconnell

otes

oodle

4 January — MONDAY

9AM	
10AM	
11AM	
12 NOON	
1PM	
2PM	
3PM	
4PM	
5PM	
6PM	

5 January — TUESDAY

9AM	
10AM	
11AM	
12 NOON	
1PM	
2PM	
3PM	
4PM	
5PM	
6PM	

6 January — WEDNESDAY
EPIPHANY

9AM	
10AM	
11AM	
12 NOON	
1PM	
2PM	
3PM	
4PM	
5PM	
6PM	

7 January — THURSDAY

9AM	
10AM	
11AM	
12 NOON	
1PM	
2PM	
3PM	
4PM	
5PM	
6PM	

8 January — FRIDAY

9AM	
10AM	
11AM	
12 NOON	
1PM	
2PM	
3PM	
4PM	
5PM	
6PM	

9 January — SATURDAY

9AM	
10AM	
11AM	
12 NOON	
1PM	
2PM	
3PM	
4PM	
5PM	
6PM	

10 January — SUNDAY

9AM	
10AM	
11AM	
12 NOON	
1PM	
2PM	
3PM	
4PM	
5PM	
6PM	

Tasks

- [ ]
- [ ]
- [ ]
- [ ]
- [ ]
- [ ]
- [ ]
- [ ]
- [ ]
- [ ]

otes

odle

11 January — MONDAY

9AM	
10AM	
11AM	
12 NOON	
1PM	
2PM	
3PM	
4PM	
5PM	
6PM	

12 January — TUESDAY

9AM	
10AM	
11AM	
12 NOON	
1PM	
2PM	
3PM	
4PM	
5PM	
6PM	

13 January — WEDNESDAY

9AM	
10AM	
11AM	
12 NOON	
1PM	
2PM	
3PM	
4PM	
5PM	
6PM	

14 January — THURSDAY

9AM	
10AM	
11AM	
12 NOON	
1PM	
2PM	
3PM	
4PM	
5PM	
6PM	

15 January — FRIDAY

9AM	
10AM	
11AM	
12 NOON	
1PM	
2PM	
3PM	
4PM	
5PM	
6PM	

16 January — SATURDAY

9AM	
10AM	
11AM	
12 NOON	
1PM	
2PM	
3PM	
4PM	
5PM	
6PM	

17 January — SUNDAY

9AM	
10AM	
11AM	
12 NOON	
1PM	
2PM	
3PM	
4PM	
5PM	
6PM	

Tasks

- ☐
- ☐
- ☐
- ☐
- ☐
- ☐
- ☐
- ☐
- ☐
- ☐

otes

oodle

18 January — MONDAY

9AM	
10AM	
11AM	
12 NOON	
1PM	
2PM	
3PM	
4PM	
5PM	
6PM	

19 January — TUESDAY

9AM	
10AM	
11AM	
12 NOON	
1PM	
2PM	
3PM	
4PM	
5PM	
6PM	

20 January — WEDNESDAY

9AM	
10AM	
11AM	
12 NOON	
1PM	
2PM	
3PM	
4PM	
5PM	
6PM	

21 January — THURSDAY

9AM	
10AM	
11AM	
12 NOON	
1PM	
2PM	
3PM	
4PM	
5PM	
6PM	

22 January — FRIDAY

9AM	
10AM	
11AM	
12 NOON	
1PM	
2PM	
3PM	
4PM	
5PM	
6PM	

23 January — SATURDAY

9AM	
10AM	
11AM	
12 NOON	
1PM	
2PM	
3PM	
4PM	
5PM	
6PM	

24 January — SUNDAY

9AM	
10AM	
11AM	
12 NOON	
1PM	
2PM	
3PM	
4PM	
5PM	
6PM	

Tasks

- [ ]
- [ ]
- [ ]
- [ ]
- [ ]
- [ ]
- [ ]
- [ ]
- [ ]
- [ ]

otes

oodle

25 January — MONDAY

9AM	
10AM	
11AM	
12 NOON	
1PM	
2PM	
3PM	
4PM	
5PM	
6PM	

26 January — TUESDAY

9AM	
10AM	
11AM	
12 NOON	
1PM	
2PM	
3PM	
4PM	
5PM	
6PM	

27 January — WEDNESDAY

9AM	
10AM	
11AM	
12 NOON	
1PM	
2PM	
3PM	
4PM	
5PM	
6PM	

28 January — THURSDAY

9AM	
10AM	
11AM	
12 NOON	
1PM	
2PM	
3PM	
4PM	
5PM	
6PM	

29 January — FRIDAY

9AM	
10AM	
11AM	
12 NOON	
1PM	
2PM	
3PM	
4PM	
5PM	
6PM	

30 January — SATURDAY

9AM	
10AM	
11AM	
12 NOON	
1PM	
2PM	
3PM	
4PM	
5PM	
6PM	

31 January — SUNDAY

9AM	
10AM	
11AM	
12 NOON	
1PM	
2PM	
3PM	
4PM	
5PM	
6PM	

Tasks

- ☐
- ☐
- ☐
- ☐
- ☐
- ☐
- ☐
- ☐
- ☐
- ☐

otes

oodle

February

1 February — MONDAY

9AM	
10AM	
11AM	
12 NOON	
1PM	
2PM	
3PM	
4PM	
5PM	
6PM	

2 February — TUESDAY

9AM	
10AM	
11AM	
12 NOON	
1PM	
2PM	
3PM	
4PM	
5PM	
6PM	

3 February — WEDNESDAY

9AM	
10AM	
11AM	
12 NOON	
1PM	
2PM	
3PM	
4PM	
5PM	
6PM	

4 February — THURSDAY

9AM	
10AM	
11AM	
12 NOON	
1PM	
2PM	
3PM	
4PM	
5PM	
6PM	

5 February — FRIDAY

9AM	
10AM	
11AM	
12 NOON	
1PM	
2PM	
3PM	
4PM	
5PM	
6PM	

6 February — SATURDAY

9AM	
10AM	
11AM	
12 NOON	
1PM	
2PM	
3PM	
4PM	
5PM	
6PM	

7 February — SUNDAY

9AM	
10AM	
11AM	
12 NOON	
1PM	
2PM	
3PM	
4PM	
5PM	
6PM	

Tasks

- ☐
- ☐
- ☐
- ☐
- ☐
- ☐
- ☐
- ☐
- ☐
- ☐

otes

oodle

8 February — MONDAY

9AM	
10AM	
11AM	
12 NOON	
1PM	
2PM	
3PM	
4PM	
5PM	
6PM	

9 February — TUESDAY

9AM	
10AM	
11AM	
12 NOON	
1PM	
2PM	
3PM	
4PM	
5PM	
6PM	

10 February — WEDNESDAY

9AM	
10AM	
11AM	
12 NOON	
1PM	
2PM	
3PM	
4PM	
5PM	
6PM	

11 February — THURSDAY

9AM	
10AM	
11AM	
12 NOON	
1PM	
2PM	
3PM	
4PM	
5PM	
6PM	

12 February — FRIDAY

9AM	
10AM	
11AM	
12 NOON	
1PM	
2PM	
3PM	
4PM	
5PM	
6PM	

13 February — SATURDAY

9AM	
10AM	
11AM	
12 NOON	
1PM	
2PM	
3PM	
4PM	
5PM	
6PM	

14 February — SUNDAY
VALENTINES DAY

9AM	
10AM	
11AM	
12 NOON	
1PM	
2PM	
3PM	
4PM	
5PM	
6PM	

Tasks

- ☐
- ☐
- ☐
- ☐
- ☐
- ☐
- ☐
- ☐
- ☐
- ☐

Notes

_____
_____
_____
_____
_____
_____
_____
_____
_____
_____
_____
_____
_____
_____
_____
_____
_____
_____
_____
_____
_____
_____
_____
_____
_____

Doodle

15 February   MONDAY

9AM	
10AM	
11AM	
12 NOON	
1PM	
2PM	
3PM	
4PM	
5PM	
6PM	

16 February   TUESDAY

9AM	
10AM	
11AM	
12 NOON	
1PM	
2PM	
3PM	
4PM	
5PM	
6PM	

17 February   WEDNESDAY
ASH WEDNESDAY

9AM	
10AM	
11AM	
12 NOON	
1PM	
2PM	
3PM	
4PM	
5PM	
6PM	

18 February   THURSDAY

9AM	
10AM	
11AM	
12 NOON	
1PM	
2PM	
3PM	
4PM	
5PM	
6PM	

19 February   FRIDAY

9AM	
10AM	
11AM	
12 NOON	
1PM	
2PM	
3PM	
4PM	
5PM	
6PM	

20 February   SATURDAY

9AM	
10AM	
11AM	
12 NOON	
1PM	
2PM	
3PM	
4PM	
5PM	
6PM	

21 February   SUNDAY

9AM	
10AM	
11AM	
12 NOON	
1PM	
2PM	
3PM	
4PM	
5PM	
6PM	

Tasks

- [ ]
- [ ]
- [ ]
- [ ]
- [ ]
- [ ]
- [ ]
- [ ]
- [ ]
- [ ]

oodle

22 February — MONDAY

9AM	
10AM	
11AM	
12 NOON	
1PM	
2PM	
3PM	
4PM	
5PM	
6PM	

23 February — TUESDAY

9AM	
10AM	
11AM	
12 NOON	
1PM	
2PM	
3PM	
4PM	
5PM	
6PM	

24 February — WEDNESDAY

9AM	
10AM	
11AM	
12 NOON	
1PM	
2PM	
3PM	
4PM	
5PM	
6PM	

25 February — THURSDAY

9AM	
10AM	
11AM	
12 NOON	
1PM	
2PM	
3PM	
4PM	
5PM	
6PM	

26 February — FRIDAY

9AM	
10AM	
11AM	
12 NOON	
1PM	
2PM	
3PM	
4PM	
5PM	
6PM	

27 February — SATURDAY

9AM	
10AM	
11AM	
12 NOON	
1PM	
2PM	
3PM	
4PM	
5PM	
6PM	

28 February — SUNDAY

9AM	
10AM	
11AM	
12 NOON	
1PM	
2PM	
3PM	
4PM	
5PM	
6PM	

Tasks

- ☐
- ☐
- ☐
- ☐
- ☐
- ☐
- ☐
- ☐
- ☐
- ☐

otes

odle

March

1 March   MONDAY

9AM	
10AM	
11AM	
12 NOON	
1PM	
2PM	
3PM	
4PM	
5PM	
6PM	

2 March   TUESDAY

9AM	
10AM	
11AM	
12 NOON	
1PM	
2PM	
3PM	
4PM	
5PM	
6PM	

3 March   WEDNESDAY

9AM	
10AM	
11AM	
12 NOON	
1PM	
2PM	
3PM	
4PM	
5PM	
6PM	

4 March   THURSDAY

9AM	
10AM	
11AM	
12 NOON	
1PM	
2PM	
3PM	
4PM	
5PM	
6PM	

5 March   FRIDAY

9AM	
10AM	
11AM	
12 NOON	
1PM	
2PM	
3PM	
4PM	
5PM	
6PM	

6 March   SATURDAY

9AM	
10AM	
11AM	
12 NOON	
1PM	
2PM	
3PM	
4PM	
5PM	
6PM	

7 March   SUNDAY

9AM	
10AM	
11AM	
12 NOON	
1PM	
2PM	
3PM	
4PM	
5PM	
6PM	

Tasks

- [ ]
- [ ]
- [ ]
- [ ]
- [ ]
- [ ]
- [ ]
- [ ]
- [ ]
- [ ]

otes

oodle

8 March — MONDAY

9AM	
10AM	
11AM	
12 NOON	
1PM	
2PM	
3PM	
4PM	
5PM	
6PM	

9 March — TUESDAY

9AM	
10AM	
11AM	
12 NOON	
1PM	
2PM	
3PM	
4PM	
5PM	
6PM	

10 March — WEDNESDAY

9AM	
10AM	
11AM	
12 NOON	
1PM	
2PM	
3PM	
4PM	
5PM	
6PM	

11 March — THURSDAY

9AM	
10AM	
11AM	
12 NOON	
1PM	
2PM	
3PM	
4PM	
5PM	
6PM	

12 March — FRIDAY

9AM	
10AM	
11AM	
12 NOON	
1PM	
2PM	
3PM	
4PM	
5PM	
6PM	

13 March — SATURDAY

9AM	
10AM	
11AM	
12 NOON	
1PM	
2PM	
3PM	
4PM	
5PM	
6PM	

14 March — SUNDAY

MOTHER'S D

9AM	
10AM	
11AM	
12 NOON	
1PM	
2PM	
3PM	
4PM	
5PM	
6PM	

Tasks

- ☐
- ☐
- ☐
- ☐
- ☐
- ☐
- ☐
- ☐
- ☐
- ☐
- ☐

otes

odle

15 March   MONDAY

9AM	
10AM	
11AM	
12 NOON	
1PM	
2PM	
3PM	
4PM	
5PM	
6PM	

19 March   FRIDAY

9AM	
10AM	
11AM	
12 NOON	
1PM	
2PM	
3PM	
4PM	
5PM	
6PM	

16 March   TUESDAY

9AM	
10AM	
11AM	
12 NOON	
1PM	
2PM	
3PM	
4PM	
5PM	
6PM	

20 March   SATURDAY

9AM	
10AM	
11AM	
12 NOON	
1PM	
2PM	
3PM	
4PM	
5PM	
6PM	

17 March   WEDNESDAY
ST. PATRICK'S DAY

9AM	
10AM	
11AM	
12 NOON	
1PM	
2PM	
3PM	
4PM	
5PM	
6PM	

21 March   SUNDAY

9AM	
10AM	
11AM	
12 NOON	
1PM	
2PM	
3PM	
4PM	
5PM	
6PM	

18 March   THURSDAY

9AM	
10AM	
11AM	
12 NOON	
1PM	
2PM	
3PM	
4PM	
5PM	
6PM	

Tasks

- ☐
- ☐
- ☐
- ☐
- ☐
- ☐
- ☐
- ☐
- ☐
- ☐
- ☐

otes

oodle

22 March MONDAY

9AM
10AM
11AM
12 NOON
1PM
2PM
3PM
4PM
5PM
6PM

26 March FRIDAY

9AM
10AM
11AM
12 NOON
1PM
2PM
3PM
4PM
5PM
6PM

23 March TUESDAY

9AM
10AM
11AM
12 NOON
1PM
2PM
3PM
4PM
5PM
6PM

27 March SATURDAY

9AM
10AM
11AM
12 NOON
1PM
2PM
3PM
4PM
5PM
6PM

24 March WEDNESDAY

9AM
10AM
11AM
12 NOON
1PM
2PM
3PM
4PM
5PM
6PM

28 March SUNDAY
PALM SUNDAY

9AM
10AM
11AM
12 NOON
1PM
2PM
3PM
4PM
5PM
6PM

25 March THURSDAY

9AM
10AM
11AM
12 NOON
1PM
2PM
3PM
4PM
5PM
6PM

Tasks

- [ ]
- [ ]
- [ ]
- [ ]
- [ ]
- [ ]
- [ ]
- [ ]
- [ ]
- [ ]

otes

oodle

April

29 March — MONDAY

9AM	
10AM	
11AM	
12 NOON	
1PM	
2PM	
3PM	
4PM	
5PM	
6PM	

2 April — FRIDAY
GOOD FRID...

9AM	
10AM	
11AM	
12 NOON	
1PM	
2PM	
3PM	
4PM	
5PM	
6PM	

30 March — TUESDAY

9AM	
10AM	
11AM	
12 NOON	
1PM	
2PM	
3PM	
4PM	
5PM	
6PM	

3 April — SATURDA...

9AM	
10AM	
11AM	
12 NOON	
1PM	
2PM	
3PM	
4PM	
5PM	
6PM	

31 March — WEDNESDAY

9AM	
10AM	
11AM	
12 NOON	
1PM	
2PM	
3PM	
4PM	
5PM	
6PM	

4 April — SUNDA...
EASTER SUND...

9AM	
10AM	
11AM	
12 NOON	
1PM	
2PM	
3PM	
4PM	
5PM	
6PM	

1 April — THURSDAY

9AM	
10AM	
11AM	
12 NOON	
1PM	
2PM	
3PM	
4PM	
5PM	
6PM	

Tasks

- [ ]
- [ ]
- [ ]
- [ ]
- [ ]
- [ ]
- [ ]
- [ ]
- [ ]
- [ ]

otes

odle

5 April

9AM	
10AM	
11AM	
12 NOON	
1PM	
2PM	
3PM	
4PM	
5PM	
6PM	

9 April
FRIDA

9AM	
10AM	
11AM	
12 NOON	
1PM	
2PM	
3PM	
4PM	
5PM	
6PM	

6 April
TUESDAY

9AM	
10AM	
11AM	
12 NOON	
1PM	
2PM	
3PM	
4PM	
5PM	
6PM	

10 April
SATURDA

9AM	
10AM	
11AM	
12 NOON	
1PM	
2PM	
3PM	
4PM	
5PM	
6PM	

7 April
WEDNESDAY

9AM	
10AM	
11AM	
12 NOON	
1PM	
2PM	
3PM	
4PM	
5PM	
6PM	

11 April
SUNDA

9AM	
10AM	
11AM	
12 NOON	
1PM	
2PM	
3PM	
4PM	
5PM	
6PM	

8 April
THURSDAY

9AM	
10AM	
11AM	
12 NOON	
1PM	
2PM	
3PM	
4PM	
5PM	
6PM	

Tasks

- [ ]
- [ ]
- [ ]
- [ ]
- [ ]
- [ ]
- [ ]
- [ ]
- [ ]
- [ ]

Notes

Doodle

12 April — MONDAY

9AM	
10AM	
11AM	
12 NOON	
1PM	
2PM	
3PM	
4PM	
5PM	
6PM	

16 April — FRIDAY

9AM	
10AM	
11AM	
12 NOON	
1PM	
2PM	
3PM	
4PM	
5PM	
6PM	

13 April — TUESDAY

9AM	
10AM	
11AM	
12 NOON	
1PM	
2PM	
3PM	
4PM	
5PM	
6PM	

17 April — SATURDAY

9AM	
10AM	
11AM	
12 NOON	
1PM	
2PM	
3PM	
4PM	
5PM	
6PM	

14 April — WEDNESDAY

9AM	
10AM	
11AM	
12 NOON	
1PM	
2PM	
3PM	
4PM	
5PM	
6PM	

18 April — SUNDAY

9AM	
10AM	
11AM	
12 NOON	
1PM	
2PM	
3PM	
4PM	
5PM	
6PM	

15 April — THURSDAY

9AM	
10AM	
11AM	
12 NOON	
1PM	
2PM	
3PM	
4PM	
5PM	
6PM	

Tasks

- [ ]
- [ ]
- [ ]
- [ ]
- [ ]
- [ ]
- [ ]
- [ ]
- [ ]
- [ ]

otes

oodle

19 April — MONDAY

9AM	
10AM	
11AM	
12 NOON	
1PM	
2PM	
3PM	
4PM	
5PM	
6PM	

20 April — TUESDAY

9AM	
10AM	
11AM	
12 NOON	
1PM	
2PM	
3PM	
4PM	
5PM	
6PM	

21 April — WEDNESDAY

9AM	
10AM	
11AM	
12 NOON	
1PM	
2PM	
3PM	
4PM	
5PM	
6PM	

22 April — THURSDAY

9AM	
10AM	
11AM	
12 NOON	
1PM	
2PM	
3PM	
4PM	
5PM	
6PM	

23 April — FRIDAY

9AM	
10AM	
11AM	
12 NOON	
1PM	
2PM	
3PM	
4PM	
5PM	
6PM	

24 April — SATURDAY

9AM	
10AM	
11AM	
12 NOON	
1PM	
2PM	
3PM	
4PM	
5PM	
6PM	

25 April — SUNDAY

9AM	
10AM	
11AM	
12 NOON	
1PM	
2PM	
3PM	
4PM	
5PM	
6PM	

Tasks

- [ ]
- [ ]
- [ ]
- [ ]
- [ ]
- [ ]
- [ ]
- [ ]
- [ ]
- [ ]

Notes

Doodle

26 April — MONDAY

9AM	
10AM	
11AM	
12 NOON	
1PM	
2PM	
3PM	
4PM	
5PM	
6PM	

27 April — TUESDAY

9AM	
10AM	
11AM	
12 NOON	
1PM	
2PM	
3PM	
4PM	
5PM	
6PM	

28 April — WEDNESDAY

9AM	
10AM	
11AM	
12 NOON	
1PM	
2PM	
3PM	
4PM	
5PM	
6PM	

29 April — THURSDAY

9AM	
10AM	
11AM	
12 NOON	
1PM	
2PM	
3PM	
4PM	
5PM	
6PM	

30 April — FRIDAY

9AM	
10AM	
11AM	
12 NOON	
1PM	
2PM	
3PM	
4PM	
5PM	
6PM	

1 May — SATURDAY

9AM	
10AM	
11AM	
12 NOON	
1PM	
2PM	
3PM	
4PM	
5PM	
6PM	

2 May — SUNDAY

9AM	
10AM	
11AM	
12 NOON	
1PM	
2PM	
3PM	
4PM	
5PM	
6PM	

Tasks

- ☐
- ☐
- ☐
- ☐
- ☐
- ☐
- ☐
- ☐
- ☐
- ☐

Notes

Doodle

May

3 May
MONDAY
MAY BANK HOLIDAY

9AM	
10AM	
11AM	
12 NOON	
1PM	
2PM	
3PM	
4PM	
5PM	
6PM	

4 May
TUESDAY

9AM	
10AM	
11AM	
12 NOON	
1PM	
2PM	
3PM	
4PM	
5PM	
6PM	

5 May
WEDNESDAY

9AM	
10AM	
11AM	
12 NOON	
1PM	
2PM	
3PM	
4PM	
5PM	
6PM	

6 May
THURSDAY

9AM	
10AM	
11AM	
12 NOON	
1PM	
2PM	
3PM	
4PM	
5PM	
6PM	

7 May
FRIDA

9AM	
10AM	
11AM	
12 NOON	
1PM	
2PM	
3PM	
4PM	
5PM	
6PM	

8 May
SATURDA

9AM	
10AM	
11AM	
12 NOON	
1PM	
2PM	
3PM	
4PM	
5PM	
6PM	

9 May
SUNDA

9AM	
10AM	
11AM	
12 NOON	
1PM	
2PM	
3PM	
4PM	
5PM	
6PM	

Tasks

- ☐
- ☐
- ☐
- ☐
- ☐
- ☐
- ☐
- ☐
- ☐
- ☐

otes

_____
_____
_____
_____
_____
_____
_____
_____
_____
_____
_____
_____
_____
_____
_____
_____
_____
_____
_____
_____
_____

odle

10 May — MONDAY

9AM	
10AM	
11AM	
12 NOON	
1PM	
2PM	
3PM	
4PM	
5PM	
6PM	

11 May — TUESDAY

9AM	
10AM	
11AM	
12 NOON	
1PM	
2PM	
3PM	
4PM	
5PM	
6PM	

12 May — WEDNESDAY

9AM	
10AM	
11AM	
12 NOON	
1PM	
2PM	
3PM	
4PM	
5PM	
6PM	

13 May — THURSDAY

9AM	
10AM	
11AM	
12 NOON	
1PM	
2PM	
3PM	
4PM	
5PM	
6PM	

14 May — FRIDAY

9AM	
10AM	
11AM	
12 NOON	
1PM	
2PM	
3PM	
4PM	
5PM	
6PM	

15 May — SATURDAY

9AM	
10AM	
11AM	
12 NOON	
1PM	
2PM	
3PM	
4PM	
5PM	
6PM	

16 May — SUNDAY

9AM	
10AM	
11AM	
12 NOON	
1PM	
2PM	
3PM	
4PM	
5PM	
6PM	

Tasks

- ☐
- ☐
- ☐
- ☐
- ☐
- ☐
- ☐
- ☐
- ☐
- ☐

otes

odle

17 May   MONDAY

9AM	
10AM	
11AM	
12 NOON	
1PM	
2PM	
3PM	
4PM	
5PM	
6PM	

18 May   TUESDAY

9AM	
10AM	
11AM	
12 NOON	
1PM	
2PM	
3PM	
4PM	
5PM	
6PM	

19 May   WEDNESDAY

9AM	
10AM	
11AM	
12 NOON	
1PM	
2PM	
3PM	
4PM	
5PM	
6PM	

20 May   THURSDAY

9AM	
10AM	
11AM	
12 NOON	
1PM	
2PM	
3PM	
4PM	
5PM	
6PM	

21 May   FRIDAY

9AM	
10AM	
11AM	
12 NOON	
1PM	
2PM	
3PM	
4PM	
5PM	
6PM	

22 May   SATURDAY

9AM	
10AM	
11AM	
12 NOON	
1PM	
2PM	
3PM	
4PM	
5PM	
6PM	

23 May   SUNDAY
WHIT SUND

9AM	
10AM	
11AM	
12 NOON	
1PM	
2PM	
3PM	
4PM	
5PM	
6PM	

Tasks

- ☐
- ☐
- ☐
- ☐
- ☐
- ☐
- ☐
- ☐
- ☐
- ☐

otes

odle

24 May — MONDAY

9AM	
10AM	
11AM	
12 NOON	
1PM	
2PM	
3PM	
4PM	
5PM	
6PM	

25 May — TUESDAY

9AM	
10AM	
11AM	
12 NOON	
1PM	
2PM	
3PM	
4PM	
5PM	
6PM	

26 May — WEDNESDAY

9AM	
10AM	
11AM	
12 NOON	
1PM	
2PM	
3PM	
4PM	
5PM	
6PM	

27 May — THURSDAY

9AM	
10AM	
11AM	
12 NOON	
1PM	
2PM	
3PM	
4PM	
5PM	
6PM	

28 May — FRIDAY

9AM	
10AM	
11AM	
12 NOON	
1PM	
2PM	
3PM	
4PM	
5PM	
6PM	

29 May — SATURDAY

9AM	
10AM	
11AM	
12 NOON	
1PM	
2PM	
3PM	
4PM	
5PM	
6PM	

30 May — SUNDAY
TRINITY SUNDAY

9AM	
10AM	
11AM	
12 NOON	
1PM	
2PM	
3PM	
4PM	
5PM	
6PM	

Tasks

- [ ]
- [ ]
- [ ]
- [ ]
- [ ]
- [ ]
- [ ]
- [ ]
- [ ]
- [ ]

otes

odle

June

31 May   MONDAY

| 9AM |
| 10AM |
| 11AM |
| 12 NOON |
| 1PM |
| 2PM |
| 3PM |
| 4PM |
| 5PM |
| 6PM |

1 June   TUESDAY

| 9AM |
| 10AM |
| 11AM |
| 12 NOON |
| 1PM |
| 2PM |
| 3PM |
| 4PM |
| 5PM |
| 6PM |

2 June   WEDNESDAY

| 9AM |
| 10AM |
| 11AM |
| 12 NOON |
| 1PM |
| 2PM |
| 3PM |
| 4PM |
| 5PM |
| 6PM |

3 June   THURSDAY

| 9AM |
| 10AM |
| 11AM |
| 12 NOON |
| 1PM |
| 2PM |
| 3PM |
| 4PM |
| 5PM |
| 6PM |

4 June   FRIDAY

| 9AM |
| 10AM |
| 11AM |
| 12 NOON |
| 1PM |
| 2PM |
| 3PM |
| 4PM |
| 5PM |
| 6PM |

5 June   SATURDAY

| 9AM |
| 10AM |
| 11AM |
| 12 NOON |
| 1PM |
| 2PM |
| 3PM |
| 4PM |
| 5PM |
| 6PM |

6 June   SUNDAY

| 9AM |
| 10AM |
| 11AM |
| 12 NOON |
| 1PM |
| 2PM |
| 3PM |
| 4PM |
| 5PM |
| 6PM |

Tasks

- [ ]
- [ ]
- [ ]
- [ ]
- [ ]
- [ ]
- [ ]
- [ ]
- [ ]
- [ ]
- [ ]

otes

odle

7 June

9AM	
10AM	
11AM	
12 NOON	
1PM	
2PM	
3PM	
4PM	
5PM	
6PM	

11 June

FRIDA

9AM	
10AM	
11AM	
12 NOON	
1PM	
2PM	
3PM	
4PM	
5PM	
6PM	

8 June

TUESDAY

9AM	
10AM	
11AM	
12 NOON	
1PM	
2PM	
3PM	
4PM	
5PM	
6PM	

12 June

SATURDA

9AM	
10AM	
11AM	
12 NOON	
1PM	
2PM	
3PM	
4PM	
5PM	
6PM	

9 June

WEDNESDAY

9AM	
10AM	
11AM	
12 NOON	
1PM	
2PM	
3PM	
4PM	
5PM	
6PM	

13 June

SUNDA

9AM	
10AM	
11AM	
12 NOON	
1PM	
2PM	
3PM	
4PM	
5PM	
6PM	

10 June

THURSDAY

9AM	
10AM	
11AM	
12 NOON	
1PM	
2PM	
3PM	
4PM	
5PM	
6PM	

Tasks

- [ ]
- [ ]
- [ ]
- [ ]
- [ ]
- [ ]
- [ ]
- [ ]
- [ ]
- [ ]

otes

doodle

www.lovecastleconnell.com

14 June — MONDAY

9AM	
10AM	
11AM	
12 NOON	
1PM	
2PM	
3PM	
4PM	
5PM	
6PM	

15 June — TUESDAY

9AM	
10AM	
11AM	
12 NOON	
1PM	
2PM	
3PM	
4PM	
5PM	
6PM	

16 June — WEDNESDAY

9AM	
10AM	
11AM	
12 NOON	
1PM	
2PM	
3PM	
4PM	
5PM	
6PM	

17 June — THURSDAY

9AM	
10AM	
11AM	
12 NOON	
1PM	
2PM	
3PM	
4PM	
5PM	
6PM	

18 June — FRIDAY

9AM	
10AM	
11AM	
12 NOON	
1PM	
2PM	
3PM	
4PM	
5PM	
6PM	

19 June — SATURDAY

9AM	
10AM	
11AM	
12 NOON	
1PM	
2PM	
3PM	
4PM	
5PM	
6PM	

20 June — SUNDAY

FATHER'S DAY

9AM	
10AM	
11AM	
12 NOON	
1PM	
2PM	
3PM	
4PM	
5PM	
6PM	

Tasks

- ☐
- ☐
- ☐
- ☐
- ☐
- ☐
- ☐
- ☐
- ☐
- ☐

otes

odle

61

www.lovecastleconnell.com

21 June
MONDAY
SUMMER SOLSTICE

9AM	
10AM	
11AM	
12 NOON	
1PM	
2PM	
3PM	
4PM	
5PM	
6PM	

22 June
TUESDAY

9AM	
10AM	
11AM	
12 NOON	
1PM	
2PM	
3PM	
4PM	
5PM	
6PM	

23 June
WEDNESDAY

9AM	
10AM	
11AM	
12 NOON	
1PM	
2PM	
3PM	
4PM	
5PM	
6PM	

24 June
THURSDAY

9AM	
10AM	
11AM	
12 NOON	
1PM	
2PM	
3PM	
4PM	
5PM	
6PM	

25 June
FRIDA

9AM	
10AM	
11AM	
12 NOON	
1PM	
2PM	
3PM	
4PM	
5PM	
6PM	

26 June
SATURDA

9AM	
10AM	
11AM	
12 NOON	
1PM	
2PM	
3PM	
4PM	
5PM	
6PM	

27 June
SUNDA

9AM	
10AM	
11AM	
12 NOON	
1PM	
2PM	
3PM	
4PM	
5PM	
6PM	

Tasks

- ☐
- ☐
- ☐
- ☐
- ☐
- ☐
- ☐
- ☐
- ☐
- ☐

Notes

Doodle

July

28 June — MONDAY

9AM	
10AM	
11AM	
12 NOON	
1PM	
2PM	
3PM	
4PM	
5PM	
6PM	

2 July — FRIDAY

9AM	
10AM	
11AM	
12 NOON	
1PM	
2PM	
3PM	
4PM	
5PM	
6PM	

29 June — TUESDAY

9AM	
10AM	
11AM	
12 NOON	
1PM	
2PM	
3PM	
4PM	
5PM	
6PM	

3 July — SATURDAY

9AM	
10AM	
11AM	
12 NOON	
1PM	
2PM	
3PM	
4PM	
5PM	
6PM	

30 June — WEDNESDAY

9AM	
10AM	
11AM	
12 NOON	
1PM	
2PM	
3PM	
4PM	
5PM	
6PM	

4 July — SUNDAY

9AM	
10AM	
11AM	
12 NOON	
1PM	
2PM	
3PM	
4PM	
5PM	
6PM	

1 July — THURSDAY

9AM	
10AM	
11AM	
12 NOON	
1PM	
2PM	
3PM	
4PM	
5PM	
6PM	

Tasks

- ☐
- ☐
- ☐
- ☐
- ☐
- ☐
- ☐
- ☐
- ☐
- ☐

otes

odle

5 July

9AM	
10AM	
11AM	
12 NOON	
1PM	
2PM	
3PM	
4PM	
5PM	
6PM	

9 July

FRIDA

9AM	
10AM	
11AM	
12 NOON	
1PM	
2PM	
3PM	
4PM	
5PM	
6PM	

6 July

TUESDAY

9AM	
10AM	
11AM	
12 NOON	
1PM	
2PM	
3PM	
4PM	
5PM	
6PM	

10 July

SATURDA

9AM	
10AM	
11AM	
12 NOON	
1PM	
2PM	
3PM	
4PM	
5PM	
6PM	

7 July

WEDNESDAY

9AM	
10AM	
11AM	
12 NOON	
1PM	
2PM	
3PM	
4PM	
5PM	
6PM	

11 July

SUNDA

9AM	
10AM	
11AM	
12 NOON	
1PM	
2PM	
3PM	
4PM	
5PM	
6PM	

8 July

THURSDAY

9AM	
10AM	
11AM	
12 NOON	
1PM	
2PM	
3PM	
4PM	
5PM	
6PM	

Tasks

- [ ]
- [ ]
- [ ]
- [ ]
- [ ]
- [ ]
- [ ]
- [ ]
- [ ]
- [ ]

LoveCastleconnell

Notes

Doodle

12 July — MONDAY

9AM	
10AM	
11AM	
12 NOON	
1PM	
2PM	
3PM	
4PM	
5PM	
6PM	

13 July — TUESDAY

9AM	
10AM	
11AM	
12 NOON	
1PM	
2PM	
3PM	
4PM	
5PM	
6PM	

14 July — WEDNESDAY

9AM	
10AM	
11AM	
12 NOON	
1PM	
2PM	
3PM	
4PM	
5PM	
6PM	

15 July — THURSDAY

9AM	
10AM	
11AM	
12 NOON	
1PM	
2PM	
3PM	
4PM	
5PM	
6PM	

16 July — FRIDAY

9AM	
10AM	
11AM	
12 NOON	
1PM	
2PM	
3PM	
4PM	
5PM	
6PM	

17 July — SATURDAY

9AM	
10AM	
11AM	
12 NOON	
1PM	
2PM	
3PM	
4PM	
5PM	
6PM	

18 July — SUNDAY

9AM	
10AM	
11AM	
12 NOON	
1PM	
2PM	
3PM	
4PM	
5PM	
6PM	

Tasks

- [ ]
- [ ]
- [ ]
- [ ]
- [ ]
- [ ]
- [ ]
- [ ]
- [ ]
- [ ]

Notes

Doodle

19 July — MONDAY

9AM	
10AM	
11AM	
12 NOON	
1PM	
2PM	
3PM	
4PM	
5PM	
6PM	

20 July — TUESDAY

9AM	
10AM	
11AM	
12 NOON	
1PM	
2PM	
3PM	
4PM	
5PM	
6PM	

21 July — WEDNESDAY

9AM	
10AM	
11AM	
12 NOON	
1PM	
2PM	
3PM	
4PM	
5PM	
6PM	

22 July — THURSDAY

9AM	
10AM	
11AM	
12 NOON	
1PM	
2PM	
3PM	
4PM	
5PM	
6PM	

23 July — FRIDAY

9AM	
10AM	
11AM	
12 NOON	
1PM	
2PM	
3PM	
4PM	
5PM	
6PM	

24 July — SATURDAY

9AM	
10AM	
11AM	
12 NOON	
1PM	
2PM	
3PM	
4PM	
5PM	
6PM	

25 July — SUNDAY

9AM	
10AM	
11AM	
12 NOON	
1PM	
2PM	
3PM	
4PM	
5PM	
6PM	

Tasks

- [ ]
- [ ]
- [ ]
- [ ]
- [ ]
- [ ]
- [ ]
- [ ]
- [ ]
- [ ]

Notes

_____
_____
_____
_____
_____
_____
_____
_____
_____
_____
_____
_____
_____
_____
_____
_____
_____
_____
_____
_____
_____
_____

Doodle

26 July   MONDAY

9AM	
10AM	
11AM	
12 NOON	
1PM	
2PM	
3PM	
4PM	
5PM	
6PM	

27 July   TUESDAY

9AM	
10AM	
11AM	
12 NOON	
1PM	
2PM	
3PM	
4PM	
5PM	
6PM	

28 July   WEDNESDAY

9AM	
10AM	
11AM	
12 NOON	
1PM	
2PM	
3PM	
4PM	
5PM	
6PM	

29 July   THURSDAY

9AM	
10AM	
11AM	
12 NOON	
1PM	
2PM	
3PM	
4PM	
5PM	
6PM	

30 July   FRIDAY

9AM	
10AM	
11AM	
12 NOON	
1PM	
2PM	
3PM	
4PM	
5PM	
6PM	

31 July   SATURDAY

9AM	
10AM	
11AM	
12 NOON	
1PM	
2PM	
3PM	
4PM	
5PM	
6PM	

1 August   SUNDAY

9AM	
10AM	
11AM	
12 NOON	
1PM	
2PM	
3PM	
4PM	
5PM	
6PM	

Tasks

- ☐
- ☐
- ☐
- ☐
- ☐
- ☐
- ☐
- ☐
- ☐
- ☐

Notes

Doodle

August

2 August

9AM	
10AM	
11AM	
12 NOON	
1PM	
2PM	
3PM	
4PM	
5PM	
6PM	

3 August
TUESDAY

9AM	
10AM	
11AM	
12 NOON	
1PM	
2PM	
3PM	
4PM	
5PM	
6PM	

4 August
WEDNESDAY

9AM	
10AM	
11AM	
12 NOON	
1PM	
2PM	
3PM	
4PM	
5PM	
6PM	

5 August
THURSDAY

9AM	
10AM	
11AM	
12 NOON	
1PM	
2PM	
3PM	
4PM	
5PM	
6PM	

6 August
FRIDAY

9AM	
10AM	
11AM	
12 NOON	
1PM	
2PM	
3PM	
4PM	
5PM	
6PM	

7 August
SATURDAY

9AM	
10AM	
11AM	
12 NOON	
1PM	
2PM	
3PM	
4PM	
5PM	
6PM	

8 August
SUNDAY

9AM	
10AM	
11AM	
12 NOON	
1PM	
2PM	
3PM	
4PM	
5PM	
6PM	

Tasks

- ☐
- ☐
- ☐
- ☐
- ☐
- ☐
- ☐
- ☐
- ☐
- ☐

Notes

Doodle

9 August — MONDAY

9AM	
10AM	
11AM	
12 NOON	
1PM	
2PM	
3PM	
4PM	
5PM	
6PM	

10 August — TUESDAY

9AM	
10AM	
11AM	
12 NOON	
1PM	
2PM	
3PM	
4PM	
5PM	
6PM	

11 August — WEDNESDAY

9AM	
10AM	
11AM	
12 NOON	
1PM	
2PM	
3PM	
4PM	
5PM	
6PM	

12 August — THURSDAY

9AM	
10AM	
11AM	
12 NOON	
1PM	
2PM	
3PM	
4PM	
5PM	
6PM	

13 August — FRIDAY

9AM	
10AM	
11AM	
12 NOON	
1PM	
2PM	
3PM	
4PM	
5PM	
6PM	

14 August — SATURDAY

9AM	
10AM	
11AM	
12 NOON	
1PM	
2PM	
3PM	
4PM	
5PM	
6PM	

15 August — SUNDAY

9AM	
10AM	
11AM	
12 NOON	
1PM	
2PM	
3PM	
4PM	
5PM	
6PM	

Tasks

- ☐
- ☐
- ☐
- ☐
- ☐
- ☐
- ☐
- ☐
- ☐
- ☐

Notes

Doodle

16 August — MONDAY

- 9AM
- 10AM
- 11AM
- 12 NOON
- 1PM
- 2PM
- 3PM
- 4PM
- 5PM
- 6PM

17 August — TUESDAY

- 9AM
- 10AM
- 11AM
- 12 NOON
- 1PM
- 2PM
- 3PM
- 4PM
- 5PM
- 6PM

18 August — WEDNESDAY

- 9AM
- 10AM
- 11AM
- 12 NOON
- 1PM
- 2PM
- 3PM
- 4PM
- 5PM
- 6PM

19 August — THURSDAY

- 9AM
- 10AM
- 11AM
- 12 NOON
- 1PM
- 2PM
- 3PM
- 4PM
- 5PM
- 6PM

20 August — FRIDAY

- 9AM
- 10AM
- 11AM
- 12 NOON
- 1PM
- 2PM
- 3PM
- 4PM
- 5PM
- 6PM

21 August — SATURDAY

- 9AM
- 10AM
- 11AM
- 12 NOON
- 1PM
- 2PM
- 3PM
- 4PM
- 5PM
- 6PM

22 August — SUNDAY

- 9AM
- 10AM
- 11AM
- 12 NOON
- 1PM
- 2PM
- 3PM
- 4PM
- 5PM
- 6PM

Tasks

- [ ]
- [ ]
- [ ]
- [ ]
- [ ]
- [ ]
- [ ]
- [ ]
- [ ]
- [ ]

Notes

Doodle

23 August — MONDAY

- 9AM
- 10AM
- 11AM
- 12 NOON
- 1PM
- 2PM
- 3PM
- 4PM
- 5PM
- 6PM

24 August — TUESDAY

- 9AM
- 10AM
- 11AM
- 12 NOON
- 1PM
- 2PM
- 3PM
- 4PM
- 5PM
- 6PM

25 August — WEDNESDAY

- 9AM
- 10AM
- 11AM
- 12 NOON
- 1PM
- 2PM
- 3PM
- 4PM
- 5PM
- 6PM

26 August — THURSDAY

- 9AM
- 10AM
- 11AM
- 12 NOON
- 1PM
- 2PM
- 3PM
- 4PM
- 5PM
- 6PM

27 August — FRIDAY

- 9AM
- 10AM
- 11AM
- 12 NOON
- 1PM
- 2PM
- 3PM
- 4PM
- 5PM
- 6PM

28 August — SATURDAY

- 9AM
- 10AM
- 11AM
- 12 NOON
- 1PM
- 2PM
- 3PM
- 4PM
- 5PM
- 6PM

29 August — SUNDAY

- 9AM
- 10AM
- 11AM
- 12 NOON
- 1PM
- 2PM
- 3PM
- 4PM
- 5PM
- 6PM

Tasks

- [ ]
- [ ]
- [ ]
- [ ]
- [ ]
- [ ]
- [ ]
- [ ]
- [ ]
- [ ]

Notes

Doodle

September

30 August — MONDAY

9AM	
10AM	
11AM	
12 NOON	
1PM	
2PM	
3PM	
4PM	
5PM	
6PM	

31 August — TUESDAY

9AM	
10AM	
11AM	
12 NOON	
1PM	
2PM	
3PM	
4PM	
5PM	
6PM	

1 September — WEDNESDAY

9AM	
10AM	
11AM	
12 NOON	
1PM	
2PM	
3PM	
4PM	
5PM	
6PM	

2 September — THURSDAY

9AM	
10AM	
11AM	
12 NOON	
1PM	
2PM	
3PM	
4PM	
5PM	
6PM	

3 September — FRIDAY

9AM	
10AM	
11AM	
12 NOON	
1PM	
2PM	
3PM	
4PM	
5PM	
6PM	

4 September — SATURDAY

9AM	
10AM	
11AM	
12 NOON	
1PM	
2PM	
3PM	
4PM	
5PM	
6PM	

5 September — SUNDAY

9AM	
10AM	
11AM	
12 NOON	
1PM	
2PM	
3PM	
4PM	
5PM	
6PM	

Tasks

- [ ]
- [ ]
- [ ]
- [ ]
- [ ]
- [ ]
- [ ]
- [ ]
- [ ]
- [ ]

Notes

Doodle

6 September — MONDAY

9AM	
10AM	
11AM	
12 NOON	
1PM	
2PM	
3PM	
4PM	
5PM	
6PM	

7 September — TUESDAY

9AM	
10AM	
11AM	
12 NOON	
1PM	
2PM	
3PM	
4PM	
5PM	
6PM	

8 September — WEDNESDAY

9AM	
10AM	
11AM	
12 NOON	
1PM	
2PM	
3PM	
4PM	
5PM	
6PM	

9 September — THURSDAY

9AM	
10AM	
11AM	
12 NOON	
1PM	
2PM	
3PM	
4PM	
5PM	
6PM	

10 September — FRIDAY

9AM	
10AM	
11AM	
12 NOON	
1PM	
2PM	
3PM	
4PM	
5PM	
6PM	

11 September — SATURDAY

9AM	
10AM	
11AM	
12 NOON	
1PM	
2PM	
3PM	
4PM	
5PM	
6PM	

12 September — SUNDAY

9AM	
10AM	
11AM	
12 NOON	
1PM	
2PM	
3PM	
4PM	
5PM	
6PM	

Tasks

- ☐
- ☐
- ☐
- ☐
- ☐
- ☐
- ☐
- ☐
- ☐
- ☐

Notes

Doodle

13 September   MONDAY

| 9AM |
| 10AM |
| 11AM |
| 12 NOON |
| 1PM |
| 2PM |
| 3PM |
| 4PM |
| 5PM |
| 6PM |

17 September   FRIDAY

| 9AM |
| 10AM |
| 11AM |
| 12 NOON |
| 1PM |
| 2PM |
| 3PM |
| 4PM |
| 5PM |
| 6PM |

14 September   TUESDAY

| 9AM |
| 10AM |
| 11AM |
| 12 NOON |
| 1PM |
| 2PM |
| 3PM |
| 4PM |
| 5PM |
| 6PM |

18 September   SATURDAY

| 9AM |
| 10AM |
| 11AM |
| 12 NOON |
| 1PM |
| 2PM |
| 3PM |
| 4PM |
| 5PM |
| 6PM |

15 September   WEDNESDAY

| 9AM |
| 10AM |
| 11AM |
| 12 NOON |
| 1PM |
| 2PM |
| 3PM |
| 4PM |
| 5PM |
| 6PM |

19 September   SUNDAY

| 9AM |
| 10AM |
| 11AM |
| 12 NOON |
| 1PM |
| 2PM |
| 3PM |
| 4PM |
| 5PM |
| 6PM |

16 September   THURSDAY

| 9AM |
| 10AM |
| 11AM |
| 12 NOON |
| 1PM |
| 2PM |
| 3PM |
| 4PM |
| 5PM |
| 6PM |

Tasks

- ☐
- ☐
- ☐
- ☐
- ☐
- ☐
- ☐
- ☐
- ☐
- ☐

Notes

Doodle

20 September — MONDAY

9AM	
10AM	
11AM	
12 NOON	
1PM	
2PM	
3PM	
4PM	
5PM	
6PM	

24 September — FRIDAY

9AM	
10AM	
11AM	
12 NOON	
1PM	
2PM	
3PM	
4PM	
5PM	
6PM	

21 September — TUESDAY

9AM	
10AM	
11AM	
12 NOON	
1PM	
2PM	
3PM	
4PM	
5PM	
6PM	

25 September — SATURDAY

9AM	
10AM	
11AM	
12 NOON	
1PM	
2PM	
3PM	
4PM	
5PM	
6PM	

22 September — WEDNESDAY

9AM	
10AM	
11AM	
12 NOON	
1PM	
2PM	
3PM	
4PM	
5PM	
6PM	

26 September — SUNDAY

9AM	
10AM	
11AM	
12 NOON	
1PM	
2PM	
3PM	
4PM	
5PM	
6PM	

23 September — THURSDAY

9AM	
10AM	
11AM	
12 NOON	
1PM	
2PM	
3PM	
4PM	
5PM	
6PM	

Tasks

- [ ]
- [ ]
- [ ]
- [ ]
- [ ]
- [ ]
- [ ]
- [ ]
- [ ]
- [ ]

Notes

Doodle

27 September   MONDAY

9AM	
10AM	
11AM	
12 NOON	
1PM	
2PM	
3PM	
4PM	
5PM	
6PM	

28 September   TUESDAY

9AM	
10AM	
11AM	
12 NOON	
1PM	
2PM	
3PM	
4PM	
5PM	
6PM	

29 September   WEDNESDAY

9AM	
10AM	
11AM	
12 NOON	
1PM	
2PM	
3PM	
4PM	
5PM	
6PM	

30 September   THURSDAY

9AM	
10AM	
11AM	
12 NOON	
1PM	
2PM	
3PM	
4PM	
5PM	
6PM	

1 October   FRIDAY

9AM	
10AM	
11AM	
12 NOON	
1PM	
2PM	
3PM	
4PM	
5PM	
6PM	

2 October   SATURDAY

9AM	
10AM	
11AM	
12 NOON	
1PM	
2PM	
3PM	
4PM	
5PM	
6PM	

3 October   SUNDAY

9AM	
10AM	
11AM	
12 NOON	
1PM	
2PM	
3PM	
4PM	
5PM	
6PM	

Tasks

- [ ]
- [ ]
- [ ]
- [ ]
- [ ]
- [ ]
- [ ]
- [ ]
- [ ]
- [ ]

Notes

Doodle

October

4 October　　　　　　MONDAY

9AM	
10AM	
11AM	
12 NOON	
1PM	
2PM	
3PM	
4PM	
5PM	
6PM	

5 October　　　　　　TUESDAY

9AM	
10AM	
11AM	
12 NOON	
1PM	
2PM	
3PM	
4PM	
5PM	
6PM	

6 October　　　　　　WEDNESDAY

9AM	
10AM	
11AM	
12 NOON	
1PM	
2PM	
3PM	
4PM	
5PM	
6PM	

7 October　　　　　　THURSDAY

9AM	
10AM	
11AM	
12 NOON	
1PM	
2PM	
3PM	
4PM	
5PM	
6PM	

8 October　　　　　　FRIDAY

9AM	
10AM	
11AM	
12 NOON	
1PM	
2PM	
3PM	
4PM	
5PM	
6PM	

9 October　　　　　　SATURDAY

9AM	
10AM	
11AM	
12 NOON	
1PM	
2PM	
3PM	
4PM	
5PM	
6PM	

10 October　　　　　　SUNDAY

9AM	
10AM	
11AM	
12 NOON	
1PM	
2PM	
3PM	
4PM	
5PM	
6PM	

Tasks

- ☐
- ☐
- ☐
- ☐
- ☐
- ☐
- ☐
- ☐
- ☐
- ☐

Notes

Doodle

11 October — MONDAY

9AM
10AM
11AM
12 NOON
1PM
2PM
3PM
4PM
5PM
6PM

12 October — TUESDAY

9AM
10AM
11AM
12 NOON
1PM
2PM
3PM
4PM
5PM
6PM

13 October — WEDNESDAY

9AM
10AM
11AM
12 NOON
1PM
2PM
3PM
4PM
5PM
6PM

14 October — THURSDAY

9AM
10AM
11AM
12 NOON
1PM
2PM
3PM
4PM
5PM
6PM

15 October — FRIDAY

9AM
10AM
11AM
12 NOON
1PM
2PM
3PM
4PM
5PM
6PM

16 October — SATURDAY

9AM
10AM
11AM
12 NOON
1PM
2PM
3PM
4PM
5PM
6PM

17 October — SUNDAY

9AM
10AM
11AM
12 NOON
1PM
2PM
3PM
4PM
5PM
6PM

Tasks

- [ ]
- [ ]
- [ ]
- [ ]
- [ ]
- [ ]
- [ ]
- [ ]
- [ ]
- [ ]

Notes

Doodle

18 October — MONDAY

9AM	
10AM	
11AM	
12 NOON	
1PM	
2PM	
3PM	
4PM	
5PM	
6PM	

19 October — TUESDAY

9AM	
10AM	
11AM	
12 NOON	
1PM	
2PM	
3PM	
4PM	
5PM	
6PM	

20 October — WEDNESDAY

9AM	
10AM	
11AM	
12 NOON	
1PM	
2PM	
3PM	
4PM	
5PM	
6PM	

21 October — THURSDAY

9AM	
10AM	
11AM	
12 NOON	
1PM	
2PM	
3PM	
4PM	
5PM	
6PM	

22 October — FRIDAY

9AM	
10AM	
11AM	
12 NOON	
1PM	
2PM	
3PM	
4PM	
5PM	
6PM	

23 October — SATURDAY

9AM	
10AM	
11AM	
12 NOON	
1PM	
2PM	
3PM	
4PM	
5PM	
6PM	

24 October — SUNDAY

9AM	
10AM	
11AM	
12 NOON	
1PM	
2PM	
3PM	
4PM	
5PM	
6PM	

Tasks

- ☐
- ☐
- ☐
- ☐
- ☐
- ☐
- ☐
- ☐
- ☐
- ☐

Notes

Doodle

25 October
MONDAY
OCTOBER BANK HOLIDAY

9AM	
10AM	
11AM	
12 NOON	
1PM	
2PM	
3PM	
4PM	
5PM	
6PM	

29 October
FRIDAY

9AM	
10AM	
11AM	
12 NOON	
1PM	
2PM	
3PM	
4PM	
5PM	
6PM	

26 October
TUESDAY

9AM	
10AM	
11AM	
12 NOON	
1PM	
2PM	
3PM	
4PM	
5PM	
6PM	

30 October
SATURDAY

9AM	
10AM	
11AM	
12 NOON	
1PM	
2PM	
3PM	
4PM	
5PM	
6PM	

27 October
WEDNESDAY

9AM	
10AM	
11AM	
12 NOON	
1PM	
2PM	
3PM	
4PM	
5PM	
6PM	

31 October
SUNDAY
HALLOWEEN

9AM	
10AM	
11AM	
12 NOON	
1PM	
2PM	
3PM	
4PM	
5PM	
6PM	

28 October
THURSDAY

9AM	
10AM	
11AM	
12 NOON	
1PM	
2PM	
3PM	
4PM	
5PM	
6PM	

Tasks

- ☐
- ☐
- ☐
- ☐
- ☐
- ☐
- ☐
- ☐
- ☐
- ☐

Notes

Doodle

November

1 November   MONDAY

9AM	
10AM	
11AM	
12 NOON	
1PM	
2PM	
3PM	
4PM	
5PM	
6PM	

2 November   TUESDAY

9AM	
10AM	
11AM	
12 NOON	
1PM	
2PM	
3PM	
4PM	
5PM	
6PM	

3 November   WEDNESDAY

9AM	
10AM	
11AM	
12 NOON	
1PM	
2PM	
3PM	
4PM	
5PM	
6PM	

4 November   THURSDAY

9AM	
10AM	
11AM	
12 NOON	
1PM	
2PM	
3PM	
4PM	
5PM	
6PM	

5 November   FRIDAY

9AM	
10AM	
11AM	
12 NOON	
1PM	
2PM	
3PM	
4PM	
5PM	
6PM	

6 November   SATURDAY

9AM	
10AM	
11AM	
12 NOON	
1PM	
2PM	
3PM	
4PM	
5PM	
6PM	

7 November   SUNDAY

9AM	
10AM	
11AM	
12 NOON	
1PM	
2PM	
3PM	
4PM	
5PM	
6PM	

Tasks

- ☐
- ☐
- ☐
- ☐
- ☐
- ☐
- ☐
- ☐
- ☐
- ☐

Notes

Doodle

8 November — MONDAY

9AM	
10AM	
11AM	
12 NOON	
1PM	
2PM	
3PM	
4PM	
5PM	
6PM	

9 November — TUESDAY

9AM	
10AM	
11AM	
12 NOON	
1PM	
2PM	
3PM	
4PM	
5PM	
6PM	

10 November — WEDNESDAY

9AM	
10AM	
11AM	
12 NOON	
1PM	
2PM	
3PM	
4PM	
5PM	
6PM	

11 November — THURSDAY

9AM	
10AM	
11AM	
12 NOON	
1PM	
2PM	
3PM	
4PM	
5PM	
6PM	

12 November — FRIDAY

9AM	
10AM	
11AM	
12 NOON	
1PM	
2PM	
3PM	
4PM	
5PM	
6PM	

13 November — SATURDAY

9AM	
10AM	
11AM	
12 NOON	
1PM	
2PM	
3PM	
4PM	
5PM	
6PM	

14 November — SUNDAY

9AM	
10AM	
11AM	
12 NOON	
1PM	
2PM	
3PM	
4PM	
5PM	
6PM	

Tasks

- ☐
- ☐
- ☐
- ☐
- ☐
- ☐
- ☐
- ☐
- ☐
- ☐

Notes

Doodle

15 November — MONDAY

9AM	
10AM	
11AM	
12 NOON	
1PM	
2PM	
3PM	
4PM	
5PM	
6PM	

19 November — FRIDAY

9AM	
10AM	
11AM	
12 NOON	
1PM	
2PM	
3PM	
4PM	
5PM	
6PM	

16 November — TUESDAY

9AM	
10AM	
11AM	
12 NOON	
1PM	
2PM	
3PM	
4PM	
5PM	
6PM	

20 November — SATURDAY

9AM	
10AM	
11AM	
12 NOON	
1PM	
2PM	
3PM	
4PM	
5PM	
6PM	

17 November — WEDNESDAY

9AM	
10AM	
11AM	
12 NOON	
1PM	
2PM	
3PM	
4PM	
5PM	
6PM	

21 November — SUNDAY

9AM	
10AM	
11AM	
12 NOON	
1PM	
2PM	
3PM	
4PM	
5PM	
6PM	

18 November — THURSDAY

9AM	
10AM	
11AM	
12 NOON	
1PM	
2PM	
3PM	
4PM	
5PM	
6PM	

Tasks

- ☐
- ☐
- ☐
- ☐
- ☐
- ☐
- ☐
- ☐
- ☐
- ☐

Notes

Doodle

22 November — MONDAY

9AM	
10AM	
11AM	
12 NOON	
1PM	
2PM	
3PM	
4PM	
5PM	
6PM	

26 November — FRIDAY

9AM	
10AM	
11AM	
12 NOON	
1PM	
2PM	
3PM	
4PM	
5PM	
6PM	

23 November — TUESDAY

9AM	
10AM	
11AM	
12 NOON	
1PM	
2PM	
3PM	
4PM	
5PM	
6PM	

27 November — SATURDAY

9AM	
10AM	
11AM	
12 NOON	
1PM	
2PM	
3PM	
4PM	
5PM	
6PM	

24 November — WEDNESDAY

9AM	
10AM	
11AM	
12 NOON	
1PM	
2PM	
3PM	
4PM	
5PM	
6PM	

28 November — SUNDAY

FIRST DAY IN ADVENT

9AM	
10AM	
11AM	
12 NOON	
1PM	
2PM	
3PM	
4PM	
5PM	
6PM	

25 November — THURSDAY

9AM	
10AM	
11AM	
12 NOON	
1PM	
2PM	
3PM	
4PM	
5PM	
6PM	

Tasks

- ☐
- ☐
- ☐
- ☐
- ☐
- ☐
- ☐
- ☐
- ☐
- ☐

Notes

Doodle

December

29 November   MONDAY

9AM	
10AM	
11AM	
12 NOON	
1PM	
2PM	
3PM	
4PM	
5PM	
6PM	

3 December   FRIDAY

9AM	
10AM	
11AM	
12 NOON	
1PM	
2PM	
3PM	
4PM	
5PM	
6PM	

30 November   TUESDAY

9AM	
10AM	
11AM	
12 NOON	
1PM	
2PM	
3PM	
4PM	
5PM	
6PM	

4 December   SATURDAY

9AM	
10AM	
11AM	
12 NOON	
1PM	
2PM	
3PM	
4PM	
5PM	
6PM	

1 December   WEDNESDAY

9AM	
10AM	
11AM	
12 NOON	
1PM	
2PM	
3PM	
4PM	
5PM	
6PM	

5 December   SUNDAY

9AM	
10AM	
11AM	
12 NOON	
1PM	
2PM	
3PM	
4PM	
5PM	
6PM	

2 December   THURSDAY

9AM	
10AM	
11AM	
12 NOON	
1PM	
2PM	
3PM	
4PM	
5PM	
6PM	

Tasks

- ☐
- ☐
- ☐
- ☐
- ☐
- ☐
- ☐
- ☐
- ☐
- ☐

Notes

Doodle

6 December — MONDAY

- 9AM
- 10AM
- 11AM
- 12 NOON
- 1PM
- 2PM
- 3PM
- 4PM
- 5PM
- 6PM

7 December — TUESDAY

- 9AM
- 10AM
- 11AM
- 12 NOON
- 1PM
- 2PM
- 3PM
- 4PM
- 5PM
- 6PM

8 December — WEDNESDAY

- 9AM
- 10AM
- 11AM
- 12 NOON
- 1PM
- 2PM
- 3PM
- 4PM
- 5PM
- 6PM

9 December — THURSDAY

- 9AM
- 10AM
- 11AM
- 12 NOON
- 1PM
- 2PM
- 3PM
- 4PM
- 5PM
- 6PM

10 December — FRIDAY

- 9AM
- 10AM
- 11AM
- 12 NOON
- 1PM
- 2PM
- 3PM
- 4PM
- 5PM
- 6PM

11 December — SATURDAY

- 9AM
- 10AM
- 11AM
- 12 NOON
- 1PM
- 2PM
- 3PM
- 4PM
- 5PM
- 6PM

12 December — SUNDAY

- 9AM
- 10AM
- 11AM
- 12 NOON
- 1PM
- 2PM
- 3PM
- 4PM
- 5PM
- 6PM

Tasks

- [ ]
- [ ]
- [ ]
- [ ]
- [ ]
- [ ]
- [ ]
- [ ]
- [ ]
- [ ]

Notes

Doodle

13 December — MONDAY

9AM	
10AM	
11AM	
12 NOON	
1PM	
2PM	
3PM	
4PM	
5PM	
6PM	

14 December — TUESDAY

9AM	
10AM	
11AM	
12 NOON	
1PM	
2PM	
3PM	
4PM	
5PM	
6PM	

15 December — WEDNESDAY

9AM	
10AM	
11AM	
12 NOON	
1PM	
2PM	
3PM	
4PM	
5PM	
6PM	

16 December — THURSDAY

9AM	
10AM	
11AM	
12 NOON	
1PM	
2PM	
3PM	
4PM	
5PM	
6PM	

17 December — FRIDAY

9AM	
10AM	
11AM	
12 NOON	
1PM	
2PM	
3PM	
4PM	
5PM	
6PM	

18 December — SATURDAY

9AM	
10AM	
11AM	
12 NOON	
1PM	
2PM	
3PM	
4PM	
5PM	
6PM	

19 December — SUNDAY

9AM	
10AM	
11AM	
12 NOON	
1PM	
2PM	
3PM	
4PM	
5PM	
6PM	

Tasks

- [ ]
- [ ]
- [ ]
- [ ]
- [ ]
- [ ]
- [ ]
- [ ]
- [ ]
- [ ]

Notes

Doodle

20 December · MONDAY

9AM	
10AM	
11AM	
12 NOON	
1PM	
2PM	
3PM	
4PM	
5PM	
6PM	

21 December · TUESDAY
WINTER SOLSTICE

9AM	
10AM	
11AM	
12 NOON	
1PM	
2PM	
3PM	
4PM	
5PM	
6PM	

22 December · WEDNESDAY

9AM	
10AM	
11AM	
12 NOON	
1PM	
2PM	
3PM	
4PM	
5PM	
6PM	

23 December · THURSDAY

9AM	
10AM	
11AM	
12 NOON	
1PM	
2PM	
3PM	
4PM	
5PM	
6PM	

24 December · FRIDAY

9AM	
10AM	
11AM	
12 NOON	
1PM	
2PM	
3PM	
4PM	
5PM	
6PM	

25 December · SATURDAY
CHRISTMAS DAY

9AM	
10AM	
11AM	
12 NOON	
1PM	
2PM	
3PM	
4PM	
5PM	
6PM	

26 December · SUNDAY
ST STEPHEN'S DAY

9AM	
10AM	
11AM	
12 NOON	
1PM	
2PM	
3PM	
4PM	
5PM	
6PM	

Tasks

- [ ]
- [ ]
- [ ]
- [ ]
- [ ]
- [ ]
- [ ]
- [ ]
- [ ]
- [ ]

Notes

Doodle

27 December — MONDAY
BANK HOLIDAY

- 9AM
- 10AM
- 11AM
- 12 NOON
- 1PM
- 2PM
- 3PM
- 4PM
- 5PM
- 6PM

28 December — TUESDAY

- 9AM
- 10AM
- 11AM
- 12 NOON
- 1PM
- 2PM
- 3PM
- 4PM
- 5PM
- 6PM

29 December — WEDNESDAY

- 9AM
- 10AM
- 11AM
- 12 NOON
- 1PM
- 2PM
- 3PM
- 4PM
- 5PM
- 6PM

30 December — THURSDAY

- 9AM
- 10AM
- 11AM
- 12 NOON
- 1PM
- 2PM
- 3PM
- 4PM
- 5PM
- 6PM

31 December — FRIDAY

- 9AM
- 10AM
- 11AM
- 12 NOON
- 1PM
- 2PM
- 3PM
- 4PM
- 5PM
- 6PM

1 January — SATURDAY

- 9AM
- 10AM
- 11AM
- 12 NOON
- 1PM
- 2PM
- 3PM
- 4PM
- 5PM
- 6PM

2 January — SUNDAY

- 9AM
- 10AM
- 11AM
- 12 NOON
- 1PM
- 2PM
- 3PM
- 4PM
- 5PM
- 6PM

Tasks

- [ ]
- [ ]
- [ ]
- [ ]
- [ ]
- [ ]
- [ ]
- [ ]
- [ ]
- [ ]

otes

oodle

3 January — MONDAY

9AM	
10AM	
11AM	
12 NOON	
1PM	
2PM	
3PM	
4PM	
5PM	
6PM	

7 January — FRIDAY

9AM	
10AM	
11AM	
12 NOON	
1PM	
2PM	
3PM	
4PM	
5PM	
6PM	

4 January — TUESDAY

9AM	
10AM	
11AM	
12 NOON	
1PM	
2PM	
3PM	
4PM	
5PM	
6PM	

8 January — SATURDAY

9AM	
10AM	
11AM	
12 NOON	
1PM	
2PM	
3PM	
4PM	
5PM	
6PM	

5 January — WEDNESDAY

9AM	
10AM	
11AM	
12 NOON	
1PM	
2PM	
3PM	
4PM	
5PM	
6PM	

9 January — SUNDAY

9AM	
10AM	
11AM	
12 NOON	
1PM	
2PM	
3PM	
4PM	
5PM	
6PM	

6 January — THURSDAY

9AM	
10AM	
11AM	
12 NOON	
1PM	
2PM	
3PM	
4PM	
5PM	
6PM	

Tasks

- ☐
- ☐
- ☐
- ☐
- ☐
- ☐
- ☐
- ☐
- ☐
- ☐

Notes

Doodle

10 January — MONDAY

9AM	
10AM	
11AM	
12 NOON	
1PM	
2PM	
3PM	
4PM	
5PM	
6PM	

11 January — TUESDAY

9AM	
10AM	
11AM	
12 NOON	
1PM	
2PM	
3PM	
4PM	
5PM	
6PM	

12 January — WEDNESDAY

9AM	
10AM	
11AM	
12 NOON	
1PM	
2PM	
3PM	
4PM	
5PM	
6PM	

13 January — THURSDAY

9AM	
10AM	
11AM	
12 NOON	
1PM	
2PM	
3PM	
4PM	
5PM	
6PM	

14 January — FRIDAY

9AM	
10AM	
11AM	
12 NOON	
1PM	
2PM	
3PM	
4PM	
5PM	
6PM	

15 January — SATURDAY

9AM	
10AM	
11AM	
12 NOON	
1PM	
2PM	
3PM	
4PM	
5PM	
6PM	

16 January — SUNDAY

9AM	
10AM	
11AM	
12 NOON	
1PM	
2PM	
3PM	
4PM	
5PM	
6PM	

Tasks

- ☐
- ☐
- ☐
- ☐
- ☐
- ☐
- ☐
- ☐
- ☐
- ☐

Notes

Doodle

Printed in Great Britain
by Amazon

54193300R00080